Arbeitsmaterialien Deutsch

Zu
Johann Wolfgang von Goethe:
Faust – Texte und Bilder

Ausgewählt und erläutert
von Willi-Klaus Nawrath

Ernst Klett Verlag
Stuttgart Düsseldorf Leipzig

Willi-Klaus Nawrath:
Zu Johann Wolfgang von Goethe:
Faust – Texte und Bilder

Gedruckt auf Recyclingpapier aus
chlorfrei gebleichtem Zellstoff,
säurefrei.

1. Auflage 1 11 10 9 8 7 | 2002 2001 2000 99 98

Alle Drucke dieser Auflage können im Unterricht nebeneinander benutzt werden, sie sind untereinander unverändert. Die letzte Zahl bezeichnet das Jahr dieses Druckes.

Internetadresse: http://www.klett.de
Satz: SCS Schwarz GmbH & Co., Leinfelden-Echterdingen
Druck: Stuttgarter Druckerei GmbH, Stuttgart
ISBN 3-12-359300-2

Inhaltsverzeichnis

Einleitung

Der Leitgedanke bei der Zusammenstellung der Materialien war die wechselseitige Erhellung von Bild- oder Textmaterialien und dichterischem Text. Denn das bedeutendste Werk Goethes bedarf der Erschließungshilfe, wenn der Leser die komplexe Form und vielschichtige Welt- und Problemerfassung des ‚Faust' aufnehmen will.

Texte und Zeichnungen von Goethe zeigen Überlegungen des Dichters zur Struktur, stofflichen Anlage und szenischen Gestaltung seines Dramas und bieten eine authentische Interpretationshilfe zum Formverständnis an.
Bild- und Textquellen – vom historischen Faust über das Volksbuch bis hin zu geistesgeschichtlichen Einflüssen der Philosophie (Platon, Plotin, Swedenborg) und der bildenden Kunst (Rembrandt, Mantegna, Lasinio, Herr) – die Goethes Ideenwelt entscheidend beeinflußt haben, ermöglichen einen erschließenden Vergleich.

Eine kurze Legende zu jeder Quelle gibt knapp über die Qualität des Dokumentes Auskunft und verweist jeweils auf eine konkrete Stelle des dichterischen Textes: Die Quelle will so als Schlüssel zu einem besseren Verständnis dienen. Insofern haben alle Materialien nur dienende Funktion und ergänzen bereits erschienene ‚Editionen'-Bändchen zum Thema Faust:

Faust. Der Tragödie erster Teil. Klettbuch 35123
Faust. Der Tragödie zweiter Teil. Klettbuch 35125
Urfaust. Klettbuch 35142
Das Volksbuch von Doktor Faust 1587. Klettbuch 35117

I. Zum historischen Faust

1. Porträt D. Faustus (18. Jh.)

Titelblatt eines im 18. Jh. gedruckten Höllenzwanges

(In: Günther Mahal: Faust – der Mann aus Knittlingen, 1480/1980. Knittlingen 1980, S. 53.)

Alle ‚Porträts' des historischen Faust (1480–1540) sind erst nach seinem Tod entstanden, sind also Produkte schöpferischer Phantasie. Das hier abgedruckte Porträt stammt vom Titelblatt eines im 18. Jahrhundert gedruckten „Höllenzwanges", das die lokale historische Einordnung Fausts (Kundlingensis = Knittlingen) vornimmt.
Der skeptische, fragende Blick des Renaissancemenschen und die Berufs- oder Wesensbezeichnung (Magus Maximus = der größte Mann der Magie) auf dem Porträt lassen einen direkten Bezug zu Goethes Faustgestalt im Eingangsmonolog zu („und sehe, daß wir nichts wissen können!"364 – „Drum hab' ich mich der Magie ergeben" 377).

2. Johannes Trithemius: Brief an Johann Virdung (1507)

Über den historischen Menschen Faust geben neun bekannte Schriftstücke von Zeitgenossen und Augenzeugen Auskunft. Das folgenreichste Dokument für die Wertung der Person Faust ist ein Brief des Abtes Johannes Trithemius, der dem Kloster Sponheim bei Kreuznach vorstand, an Johann Virdung in Heidelberg vom 20. August des Jahres 1507. Trithemius stand selbst im Rufe, die Kunst der schwarzen Magie zu praktizieren, und sah wohl mit Berufsneid auf den Kollegen Faust.

Das Dokument enthält eine Aufzählung der vielfältigen Tätigkeiten und Fähigkeiten Fausts als Magier, und zwar als Nekromant (= Schwarzkünstler), als Wahrsager aus der Hand (= Chiromant), als Alchimist der Elemente Feuer (Pyromant), Wasser (Hydromant) und Luft (Aeromant) mit der Wertung der Kirchenfeindlichkeit und Anmaßung. – Im Eingangsmonolog gibt Goethe seinem Faust eine vergleichbare Vielseitigkeit an Tätigkeiten und Fähigkeiten (354–377).

(20. August 1507)

Jener Mensch, über welchen du mir schreibst, *Georg Sabellicus,* welcher sich den Fürsten der Nekromanten zu nennen wagte, ist ein Landstreicher, leerer Schwätzer und betrügerischer Strolch, würdig ausgepeitscht zu werden, damit er nicht ferner mehr öffentlich verabscheuungswürdige und der heiligen Kirche feindliche Dinge zu lehren wage. Denn was sind die Titel, welche er sich anmaßt, anders als Anzeichen des dümmsten und unsinnigsten Geistes, welcher zeigt, daß er ein Narr und kein Philosoph ist? So machte er sich folgenden ihm konvenierenden Titel zurecht: *Magister Georg Sabellicus, Faust der Jüngere,* Quellbrunn der Nekromanten, Astrolog, Zweiter der Magie, Chiromant, Aeromant, Pyromant, Zweiter in der Hydromantie. – Siehe die törichte Verwegenheit des Menschen; welcher Wahnsinn gehört dazu, sich die Quelle der Nekromantie zu nennen! Wer in Wahrheit in allen guten Wissenschaften unwissend ist, hätte sich lieber einen Narren denn einen Magister nennen sollen. Aber mir ist seine Nichtswürdigkeit nicht unbekannt. Als ich im vorigen Jahre aus der Mark Brandenburg zurückkehrte, traf ich diesen Menschen in der Nähe der Stadt Gelnhausen an, woselbst man mir in der Herberge viele von ihm mit großer Frechheit ausgeführte Nichtsnutzigkeiten erzählte. Als er von meiner Anwesenheit hörte, floh er alsbald aus der Herberge und konnte von niemand überredet werden, sich mir vorzustellen.

Wir erinnern uns auch, daß er uns durch einen Bürger die schriftliche Aufzeichnung seiner Torheit, welche er dir gab, überschickte. In jener Stadt erzählten mir Geistliche, er habe in Gegenwart vieler gesagt, daß er ein so großes Wissen und Gedächtnis aller Weisheit erreicht habe, daß, wenn alle Werke von Plato und Aristoteles samt all ihrer Philosophie durchaus aus der Menschen Gedächtnis verlorengegangen wären, er sie wie ein zweiter Hebräer Esra durch sein Genie sämtlich und vorzüglicher als vorher wiederherstellen wolle. Als ich mich später in Speyer befand, kam er nach Würzburg und soll sich in Gegenwart vieler Leute mit gleicher Eitelkeit gerühmt haben, daß die Wunder unseres Erlösers Christi nicht anstaunenswert seien; er könne alles tun, was Christus getan habe, so oft und wann er wolle. In den Fasten dieses Jahres kam er nach Kreuznach, wo er sich in gleicher großsprecherischer Weise ganz gewaltiger Dinge rühmte und sagte, daß er in der Alchimie von allen, die je gewesen, der Vollkommenste sei und wisse und könne, was nur die Leute wünschten. Während dieser Zeit war die Schulmeisterstelle in gedachter Stadt unbesetzt, welche ihm auf Verwendung von Franz von Sickingen, dem Amtmann deines Fürsten, einem nach mystischen Dingen überaus gierigen Manne, übertragen wurde. Aber bald darauf begann er mit Knaben die schändlichste Unzucht zu treiben und entfloh, als die Sache ans Licht kam, der ihm drohenden Strafe. Das ist es, was mir nach dem sichersten Zeugnis von jenem Menschen feststeht, dessen Ankunft du mit so großem Verlangen erwartest.

(Johannes Trithemius: Epistolae familiares. Haganoae 1536, S. 312ff. Auch: Alexander Tille (Hrsg.): Die Faustsplitter in der Literatur des 16.–18. Jahrhunderts . . . Verlag Emil Felber, Berlin 1900, Nr. 1, S. 11ff. Zitiert nach der Übersetzung aus: Deutsche National-Litteratur, historisch-kritische Ausgabe, Band 25: Volksbücher des 16. Jahrhunderts, S. 148f. – Hier zitiert nach: Das Volksbuch von Doktor Faust. 1587. Reihe: Editionen. Klett, Stuttgart 1981, S. 131–133.)

3. Aus dem Rechnungsbuch des Fürstbischofs Georg III. von Bamberg (1520)

Das Dokument vom 12. Februar 1520 zeigt Faust am Hofe eines Bischofs in der geschätzten und hochbelohnten Funktion eines Astrologen, der das Horoskop zu stellen versteht und hier den Titel ‚Doktor' trägt.
Goethe stellt Faust als Doktor vor, der im Lande umhergezogen ist und die Leute an der Nase herumgeführt hat (360–363).

(12. Februar 1520)
Item X gulden geben und geschenckt Doctor Faustus ph[ilosoph]o zuvererung hat m[einem] g[nedigen] herren ein nativitet oder Indicium gemacht, zalt am Sontag nach stolastice. Jussit R[everendissi]mus.

(Johann Mayerhofer: Faust beim Fürstbischof von Bamberg. In: Vierteljahresschrift für Literaturgeschichte 3 (1890), Heft 1, S. 177f. Auch: Franz Neubert: Vom Doctor Faustus zu Goethes Faust. J. J. Weber, Leipzig 1932, S. XIII und 15. – Hier zitiert nach: Das Volksbuch von Doktor Faust. 1587. Reihe: Editionen. Klett, Stuttgart 1981, S. 133/134.)

4. Philipp Begardi: Index sanitatis (1539)

Philipp Begardi war als Leibarzt in Worms tätig und hebt im ‚Index sanitatis' aus dem Jahre 1539 als einziger Zeitgenosse Fausts Tätigkeit als Arzt positiv hervor: „seine grosse kunst/nit alleyn der artznei".
Bei Goethe ist Faust von Anfang an der Mediziner (355), der besonders deswegen beim Osterspaziergang vom Volk geehrt wird (981–1055).

„Es wirt noch eyn namhafftiger dapfferer mann erfunden: ich wolt aber doch seinen namen nit genent haben / so wil er auch nit verborgen sein / noch unbekant. Dann er ist vor etlichen jaren vast durch alle landtschafft / Fürstenthuomb vnnd Königreich gezogen / seinen namen jederman selbs bekant gemacht / vnd seine grosse kunst / nit alleyn der artznei / sonder auch Chiromancei / Nigramancei / Visionomei / Visiones imm Cristal / vnd dergleichen mer künst / sich höchlich berümpt. Vnd auch nit alleyn berümpt, sonder sich eynen berümpten vnd erfarnen meyster bekant vnnd geschriben. Hat auch selbs bekant / vnd nit geleugknet / dasz er sei / vnnd heysz Faustus, domit sich geschriben Philosophum Philosophorum etc. Wie vil aber mir geklagt haben, dasz sie von jm seind betrogen worden, deren ist eyn grosse zal gewesen. Nuon sein verheyssen ware auch grosz / wie des Tessali: dergleichen sein rhuom / wie auch des Theophrasti: aber die that / wie ich noch vernimm, vast kleyn vnd betrüglich erfunden: doch hat er sich imm gelt nemen, oder empfahen (das ich auch recht red) nit gesaumpt / vnd nachmals auch imm abzugk / er hat / wie ich beracht / vil mit den ferszen gesegnet. Aber was soll man nuon dazuthuon, hin ist hin / ich wil es jetzt auch do bei lassen / luog du weiter / was du zuschicken hast."

(In: Günther Mahal: Faust – der Mann aus Knittlingen, 1480/1980. Knittlingen 1980, S. 38.)

II. Zum Volksbuch

1. Illustrationen zum Volksbuch von Ch. Nikolaus Pfitzer (1834)

Im Jahre 1834 erschien eine illustrierte Ausgabe der Volksbuchversion des Ch. Nikolaus Pfitzer. Die Illustrationen zeichnen die wichtigsten Stationen im Leben der nun literarisch gewordenen Gestalt Faust nach.
Goethe geht von der inhaltlichen Seite diese Stationen weitgehend nach, so daß der Leser hier in einigen wenigen Stationen einen optischen Überblick über das Geschehen erhält.

Das ärgerliche Leben
und
schreckliche Ende des vielberüchtigten
Erz-Schwarzkünstlers
Johannis Fausti.

Erstlich vor vielen Jahren fleißig beschrieben
von
Georg Rudolph Widmann;
hernach übersehen und wieder herausgegeben
von
Ch. Nikolaus Pfitzer
Med. D. Nürnb. A. 1674.

Jetzo aber
auf's Neue aufgelegt und mit 16 Holzschnitten
verziert.

Reutlingen,
Druck und Verlag von B. G. Kurtz. 1834.

Doctor
Johannes Faustus.

Faust übergiebt dem Teufel die Obligation.

Wie Dr. Faustus durch eine Wette ein Faß Wein gewinnt, indem er es aus dem Keller herausreitet.

eine ziemlich schöne, doch arme Dirne

Dr. Fausti erschreckliches Ende.

(In: Das ärgerliche Leben und schreckliche Ende des vielberüchtigten Erz-Schwarzkünstlers Johannis Fausti, von Georg Rudolph Widmann, vermehret durch Ch. Nicolaum Pfitzerum, Nürnberg 1674, mit 16 Holzschnitten verziert, Verlag von B. G. Kurtz, Reutlingen 1834.)

2. Episoden aus dem Volksbuch von Ch. Nikolaus Pfitzer (1674)

Der Literaturwissenschaftler Otto Pniower hat bereits im Jahre 1919 schlüssig nachgewiesen, daß Goethe für seinen ‚Faust' das Volksbuch des ‚Johannis Fausti' in der Version des Nürnberger Arztes Ch. Nikolaus Pfitzer aus dem Jahre 1674, dem ein großer Erfolg von sieben Auflagen beschieden war, als Quelle verwendet hat. Pfitzer korrigiert gleich zu Beginn das Volksbuch von Johann Spies aus dem Jahre 1587 und führt so entscheidende Episoden ein, wie das Liebesverhältnis Fausts zu einer armen Dirne aus der Nachbarschaft oder die Gestalt Wagners und die Erweckung Alexanders des Großen auf Bitten Kaiser Maximilians.

Nützlich bleibt wegen der Originalität die Lektüre des ersten Volksbuches über Faust von Spies (Editionen, Klett 35117). Entscheidend – wie in keinem anderen Volksbuch – ist in Pfitzers Version die Gretchengeschichte Goethes vorgezeichnet (2605) sowie in wesentlichen Stationen der äußere Verlauf von Goethes Drama, für den II. Teil insbesondere die Erweckung der antiken Gestalten Paris und Helena (6173 ff.) auf Wunsch des Kaisers und die Helena-Tragödie (III. Akt, 2. Teil).

Das ärgerliche Leben und schreckliche Ende deß viel-berüchtigten Ertz-Schwartzkünstlers

Johannis Fausti

von

Georg Rudolph Widmann

vermehret

Durch

Ch. Nicolaum Pfitzerum

Erstes Theils

Erstes Capitel.

Wie Johannes Faustus, als er zu Ingolstadt studiret, durch böser Gesellschafft Verführung, mit aberglaubischen Characteren, und teuffelischen Beschwerungen, umgangen sey.

Johannes Faustus, ist gebürtig gewesen, aus der Grafschafft Anhalt, (nicht zu Roda bey Weinmar gelegen, wie sich der Author hierinn, in der vor diesem gedruckten D. Fausti Historia, verstossen) und haben seine Eltern gewohnet in dem Marckt oder Flecken, Sondwedel: Diese waren nun arme fromme Bauersleute. Er hatte aber einen wolbegüterten Vettern zu Wittenberg, welcher seines Vattern Bruder gewesen, derselbe hatte keine Leibes-Erben, darum er denn diesen seinen jungen Vettern, Johannem Faustum, welchen er von wegen seines fähigen Kopffs, und guten Ingenii zu sich genommen, an Kindes Statt auferzo[2]gen, und zur Schul fleissig gehalten; da er denn mit zunehmenden Alter so wol zugenommen, daß er von da auf die Hohe Schul zu Ingolstadt verschickt worden. Als er nun daselbst in seinen Studiis solcher Gestalt zuname, daß er endlich tüchtig erfunden wurde, den Titul eines Magistri zu erlangen, erhielte er solchen mit gutem Lobe, nebenst eilff andern. [. . .]

Damals aber, als vor Lutheri sel. Reformation, da das alte Päpstliche Wesen annoch überall, im Schwang ware, und man hin und wieder viel Segensprechen, exorciren und Teuffelsbannen, und ander aberglaubisches Thun triebe, beliebte auch solches dem Fausto sehr wol. [. . .]

Als er nun in diesen Dingen gantz und gar ersoffen war, und sich also den Teuffel gar liesse verleiten, setzte er sein bisher getriebenes Studium Theologicum beyseits, legte sich mit Fleiß auf die Artzney-Kunst, und unter solchem Vorwand befleissigte er sich zu erforschen den Himmelslauff, lernete Nativität-stellen, und den Leuten, was sie von ihrer Geburts-Zeit an, für Glück und Unglück erleben solten, u. s. f. verkündigen: nach und nach ward er ein guter Prognosticant, und wuste mit Calender oder Almanach schreiben wol umzugehen.

Welches alles denn seinen gewissen Weg gehabt hätte, wenn er nicht dessen vielfältig gemißbrauchet, und darinnen zu fern gegangen wäre. Es ließ es aber darbey nicht verbleiben, sondern kam gar auf die Beschwörungen der Geister, welchen er dergestalt nachgrübelte, und darinnen dermassen zunahme, daß ihme etliche anhiengen und zuschlugen.

Alldieweiln er sich nun bey seinen Eltern und Vettern zu Wittenberg nothwendig entschuldigen, und ihnen anzeigen muste, aus was Ursachen er von dem Studio Theologico abgelassen hätte, wandte er unter andern ein, daß ihm die Medicina und Astronomia viel eher und besser, als zu welchen er gleichsam von Natur geneiget wäre, eingiengen, weder die Theologia, u. s. w. Er brachte auch von der Universität zu Ingolstadt, ein gutes Zeugniß und Testimonium, seines bisherigen Studirens, aus; darum muste es auch sein Vetter ein gutes [4] Werck seyn lassen, war ihm also darzu in allem behülfflich, daß er nach dreyen Jahren den gradum Doct. in Medicina erlangte.

[69] Das zehende Capitel.

Von der schrecklichen Obligation und Handschrifft, so D. Faustus dem Teuffel, in eines Münchs habit verkleidet, hat übergeben.

[. . .] D. Faustus trachtete nur dahin, wie er seine Wollust und Mütlein in dieser Welt recht abkühlen möchte, und war eben auch dieser Meinung, welcher jener vorneme Herr gewesen, der unter andern auf dem Reichstage zu etlichen gesaget hat: Himmel hin, Himmel her, ich neme hier das Meinige, mit dem ich mich auch erlustige, und lasse Himmel Himmel seyn; wer weiß, ob die Auferstehung der Todten wahr sey?

Name derhalben ein spitziges Schreibmesserlein, und öffnete ihm an der lincken Hand ein Aederlein, das ausfliessende Blut faste er in ein Gläslein, satzte sich nieder, und schrieb mit seinem Blut und eigener Hand, nachfolgende erschreckliche Obligation und Verbündniß: [. . .]

ICh Johannes Faustus, Doctor, bekenne hie öffentlich am Tag, nachdem ich jederzeit zu [70] Gemüt gefasset, wie diese Welt mit allerley Weisheit, Geschicklichkeit, Verstand und Hoheit begabet, und allezeit mit hochverständigen Leuten geblühet hat; dieweil ich denn von Gott dem Schöpffer nicht also erleuchtet, und doch der Magiae fähig bin, auch darzu meine Natur von himmlischen Influentien geneigt, zu deme auch gewiß und am Tage ist, daß der irrdische GOtt, den die Welt den Teuffel pflegt zu nennen, so erfahren, mächtig, gewaltig und geschickt ist, daß ihme nichts unmüglich, so wende ich mich nun zu dem, und nach seiner Versprechung soll er mir alles leisten und erfüllen, was mein Hertz, Gemüte, Sinn und Verstand begehret und haben will, und soll an nichts Mangel erscheinen, und so denn dem also seyn wird, so verschreibe ich mich hiermit mit meinem eigenen Blut, welches, wie ich gleichwol bekennen muß, daß ichs von dem GOtt deß Himmels empfangen habe, daß ich dasselbe und auch diesen meinen Leib und Gliedmassen, so mir durch meine Eltern gegeben, und alles was an mir ist, sammt meiner Seelen, hiemit diesem irrdischen Gott feil trage, und verspreche mich ihm mit Leib und Seel.

[. . .] und dieweil unser aufgerichte Bündniß vier und zwantzig Jahr währen soll, so soll er denn, wenn diese verschienen und verloffen, dieses sein Unterpfand, Leib und Seele angreiffen, und darüber zu schalten und zu walten Macht haben: [. . .]

Als er nun solche greuliche, erschreckliche, Gottes- und Ehr- und Seligkeit- vergessene Verschreibung verfertiget hatte, ist bald darauf der Teuffel in eines grauen Münchs Gestalt erschienen, und zu ihm getretten; da denn D. Faustus ihm seine Obligation und Verschreibung eingehändiget, darauf er gesaget: [. . .]

Morgenden Tags will ich dir einen gelehrten und erfahrenen Geist senden, der soll dir die

Zeit deines Lebens dienen und gehorsam seyn: sollst dich auch für ihme nicht fürchten, noch entsetzen, er soll dir in Gestalt eines grauen Münchs, wie ich anjetzo, erscheinen und dienen.

[251] Das fünff-und-dreyssigste Capitel.
Wie D. Faustus zu Leipzig mit gar leichter Mühe ein grosses Faß mit Wein aus den Keller brachte und solches durch eine Wettung gewane.

Folgendes Tages besahen sie die Stadt, verwunderten sich über die Kostbarkeiten der Kauffmannschafft, verrichteten theils ihre Geschäffte, und als sie nahe zu ihrem Wirtshaus wieder kamen, namen sie war, daß gegen über in einem Weinkeller die so genannten Wein- oder Bier-Schröter allda ein Faß Wein, sieben in acht Aimer haltend, aus dem Keller schroten oder bringen wolten, vermochten aber doch solches nicht, wie sehr sie sich auch deßwegen bemüheten, bis etwan ihrer noch mehr darzu kämen.

D. Faustus und seine Gesellen stunden da still und sahen zu; da sprach D. Faustus (der auch dieses Orts wolte seiner Kunst wegen bekandt seyn) fast hönisch zu den Schrötern: wie stellet ihr euch doch so läppisch darzu, seynd euer so viel, und könnet ein solches Faß nicht zwingen? solte es doch einer wol allein verrichten können, wenn er sich recht darzu schicken wolte! [. . .]

unter wärendem diesen Handel kommt der Herr deß Weinkellers darzu, und vernimt bald die Ursach, und sonderlich daß der eine (Faustus) gesaget, es köndte das Faß einer wol [253] allein aus dem Keller bringen, spricht derohalben halb zornig zu ihm, wolan, weil ihr denn so starcke Riesen seyd, welcher unter euch das Faß alleine wird herauf und aus dem Keller bringen, dessen soll es seyn.

D. Faustus war nicht faul, und weiln eben etliche Studenten darzu gekommen, ruffet er diese an zu Zeugen dessen das vom Weinherrn ist versprochen worden, gienge also hinab in den Keller, und satzte sich recht auf das Faß, gleich als auf einen Bock, und ritte, so zu reden, das Faß nicht ohne männigliches Verwundern herauf: darüber denn der Weinherr sehr erschrocken; und ob er wol fürgewendet, daß dieses nicht natürlich zu gienge, muste er doch sein Wort und Versprechen halten, wolte er anderst nicht den Schimpff zusamt dem Schaden haben. Liesse also das Faß mit Wein dem D. Fausto folgen, der es denn seinen Gesellen, zugleich auch denen Zeugen, den Studenten zum Besten gegeben, welche bald Anstalt gemacht, daß das Faß in das Wirtshaus geliefert worden, wohin sie noch mehr andere gute Freunde erbetten, und sich etliche Tage davon lustig gemachet, so lang ein Tropffen Weins im Faß gewesen.

II. [368] Das vierdte Capitel.
D. Faustus nimt einen jungen Schuler zu einem Famulo auf, mit Namen Christoff Wagner.

ES kam zur rauhen Winterszeit eines Tags ein junger Schuler vor D. Fausti Behausung, der sang, selbiger Zeit Gebrauch nach, das Responsorium: diesem hörete eine Weile D. Faustus zu, und weil er sahe, daß der arme Kerl übel bekleidet und hart erfroren war, erbarmet er sich seiner, fordert ihn hinauf in seine Stuben, sich zu wärmen, besprach sich mit ihm, und fragte woher er wäre, wer seine Eltern seyen? deme der Jung bald antwortete, er wäre eines Priesters Sohn zu Wasserburg, hätte seines Vatters tägliche Ungestümmigkeit nicht länger vertragen können, u. s. w.

Als nun D. Faustus dieses Schulers Complexion betrachtete, aus seinen Reden und allen Anzeichen abname, daß er eines gelernigen und zugleich verschmitzten Kopffs wäre, wiewol er ein Bastart, und also von einer Concubin erzeugter Sohn gewesen, nam ihn D.

Faustus zu einem Famulum an, und hatte ihn hernach sehr lieb: bevorab da er nach und nach an ihm wargenommen, wie er gantz verschwiegen war, und im wenigsten keine Schalckheit seines Herrn offenbarte, ja selbst voll böser Lüsten stacke, darum eröffnete er ihm einsten alle seine Heimlichkeit, und liesse ihm überdas eines Tags seinen Geist, in der gewöhnlichen Münchs-Gestalt sehen, dessen er nicht allein nicht erschrocken, sondern auch bald gewohnet: [. . .]

[412] Das zehende Capitel.
D. Faustus erwecket dem Käiser Maximiliano den Weltbezwinger Alexandrum Magnum.

DEr löbliche Käiser Maximilianus kam auf eine Zeit mit seiner gantzen Hofhaltung nach Inspruck, in Willens eine Zeit lang allda zu verharren, und frische Lufft zu schöpffen. Weiln nun D. Faustus auch dazumal seiner Kunst wegen bey Hof sich aufhielte, und ein und anderer Prob halben bey ihrer Käiserlichen Majestät in sondern Gnaden war, geschahe es [. . .]
Der Käi[413]ser fieng an und sprach: Ich sasse neulicher Zeit in meinen Gedancken, und betrachtete in meinem Gemüte, [. . .] ob die nachfolgenden Käiser gleicher Ehre und Nachruhms möchten theilhafftig werden; aber was ist dieses alles gewesen gegen der Hoheit und dem Glück Alexandri Magni, der fast die gantze Welt in so kurtzer Zeit unter sich gebracht hat? Nun möchte ich hertzlich gern den Geist dieses unüberwindlichen Heldens, wie auch seiner schönen Gemahlin, wie sie in dem Leben gewesen, sehen und kennen. [. . .] D. Faustus gehet indessen vor das Gemach hinaus, ertheilet seinem Mephostophili Befehl, diese Personen vorstellig zu machen, und gehet wiederum hinein.
Bald klopffet er an die Thüre, da thäte sich diese von sich selbsten auf, und gieng hinein der grosse Alexander, wiewol er keine grosse Person war, jedoch eines strengen Ansehens, darzu hatte er einen falben Bart: er trate hinein in einem gantz vollkommenen köstlichen Harnisch, und machte dem Käiser Reverenz, deme denn der Käiser sobald die Hand bieten wolte, und deßwegen von seinem Stul aufstunde, D. Faustus aber solches nicht zuliesse.
[414] Als nun Alexanders Geist wieder von dannen gangen, alsobald gieng herein der Geist der Königin, seiner Gemahlin. Diese machte ebenmässig vor dem Käiser eine tieffe Reverenz, war angethan mit himmelblauen Sammet, über und über mit Orientischen Perlen besetzet, praesentirte benebens eine über alle massen schöne Person, lustiges Ansehens, und holdseliger Geberden, daß sich der Käiser recht über solcher Schönheit verwunderte. [. . .]

Das zwantzigste Capitel.
Wie D. Faustus mit obbemeldten Studenten die Bacchanalia celebrirt, und Faßnacht gehalten.

ES verfügten sich obbemeldte Studenten in der Faßnacht am Diensttag, in deß D. Fausti Behausung, und hatten sämtlich ihnen vorgenommen, der Zeit das Recht zu thun, und die Faßnacht in aller erdencklicher Lust und Freude zu halten:
Nun aber wollen wir erst recht lustig seyn, und die liebe Faßnacht gleichsam einweihen, und ferner der Gebühre nach halten, und dieses soll nicht über meinen Beutel gehen, sondern, weil wissend und bekandt ist, daß jetzund zu dieser Zeit grosse Potentaten und Herren Gastereyen und herrliche Mahle halten, als will ich meinen Theil auch dabey haben, es sey ihnen lieb oder leid. Darauf hat D. Faustus drey Flaschen, eine zu fünff, die zwey andere jede zu acht Massen in seinen Garten gestellet, und seinem Geist Mephosto-

phili befohlen, daß er darein zu[495]wegen bringen solle, einen Ungarischen, Welschen und Spanischen Wein: deßgleichen satzte er fünff blatte Schüssel hinaus, darinnen brachte der Geist nach Verfliessung etwan einer halben Stund, von Wildpret und Gebratens, noch fein warm: also satzten sie sich sämtlich zu Tische, und sprache ihnen D. Faustus zu, sie solten frölich und guter Dinge seyn, denn es keine Verblendung, sondern recht natürliche Speisen und Geträncke wären, wie sie es auch befunden haben; [. . .]
Indessen fieng D. Faustus sein Gauckelspiel an, [496] die Gemüter seiner Gäste zu erlustigen: erstlich hörten sie in der Stuben von allerhand musicalischen Instrumenten, da man doch nichts sehen noch wahrnehmen kunte, wo es herkäme, ja so bald ein Instrument aufgehöret, kam ein anders: wenn denn die Violen etwan einen lustigen Tantz machten, da sprungen und hupffeten die Gläser und Becher auf dem Tisch, und so einer und der andre den Becher, damit der Wein, seiner Meinung nach, nicht verschüttet würde, mit der Hand fest halten wolte, muste er auch mit hupffen, daß daraus ein grosses Gelächter wurde.

Das ein-und-zwantzigste Capitel.
D. Faustus will sich verehlichen.

[. . .] Er ersahe aber zur Zeit in seiner Nachbarschafft eine ziemlich schöne doch arme Dirne, welche vom Land herein in die Stadt kommen, und sich in Dienste begeben bey einem Kramer; diese gefiele nun D. Fausto über die Massen wol, daß er nach ihr auf allerley Weise und Wege getrachtet, und sie zu einer Beyschläfferin haben wollen, sie hat aber niemals, was man ihr auch versprechen lassen, in seinen sündlichen Willen einwilligen wollen, sondern jederzeit ihre Ehre vorgeschützet, er fieng an was er wolte, kunte er doch nichts bey ihr erhalten oder ausrichten, er nehme sie denn zur Ehe: welches ihm denn seine guten Brüder und Freunde riethen: Der Geist Mephostophiles aber, als er dieses vermercket, sprach ohnverzüglich zu D. Fausto, was er nunmehr, [500] da die versprochene Jahre bald zu Ende seyn würden, aus ihm selbst machen wolle? Er soll gedencken an seine Zusage und Versprechen, zudem so könne er sich in keinen Ehestand einlassen, dieweil er nicht zweyen Herren zugleich dienen könnte; denn der Ehestand wär ein Werck deß Höchsten, den wir Teuffel aber aufs höchste hassen und verfolgen. Derohalben Fauste, sihe dich vor, wirst du dich versprechen zu verehlichen, so sollst du gewiß von uns zu kleinen Stücken zerrissen werden. Dencke doch bey dir selbst, wie der Ehestand ein so grosse und schwere Last auf sich hat, und was jederzeit für Unrath daraus ist entstanden, nemlich Unruhe, Widerwillen, Zorn, Neid, Uneinigkeit, Sorg, Zerstörung der frölichen Hertzen und Gemüter, und was deß mehr ist.
Dem allen gedachte zwar D. Faustus eine Weile nach, er wolte aber kurtzum auf seiner Meinung verharren, wendet auch das Rauhe heraus, und sagt dem Geist unter Augen, mit diesen Worten: ich will mich verehlichen und verheurathen, es folge gleich daraus was es wolle, gehet damit hinweg von seinem Geist in seine obere Stuben. [. . .]
Da erschiene ihm der Fürst Lucifer gantz schrecklich und leibhafftig, so grausam anzusehen, daß er auch seine Augen vor ihm zuhielte, und wolte also seinen elenden Ausgang erwarten, was ihm darob begegnen würde: darauf ließ sich Lucifer also vernemen: sage nun an, was Sinnes bist du noch? D. Faustus gantz kleinmütig und erschrocken, auch mit zugethanen Augen, antwortet: O du gewaltiger Fürst dieser Welt, verlängere mir meine Tage, du sihest daß ich ein verkehrt wanckelmütiges Menschen-Hertz habe, daß ich auf andere Gedancken, welche dir zuwider seynd, gefallen bin, hab aber das Werck noch nicht erfüllet: derowegen bitte ich dich, du wollest noch zur Zeit nicht Hand an mich legen, ich kan bald anders Sinnes werden.

Das zwey-und-zwantzigste Capitel.
Wie der Geist Mephostophiles dem D. Fausto auf sein Begehren, weiln er sich nicht verheurathen dörffen, die schöne Helena aus Griechenland, zu einer Beyschläfferin geschaffet; mit welcher er einen Sohn erzeuget.

DAmit nun der elende D. Faustus seines Fleisches bösen Lüsten genugsam Raum geben, und er also des Verheuratens gantz und gar vergessen möchte, gibt ihm der Satan die Gedancken ein, wie er doch die schöne Helenam aus Griechenland, von welcher noch heutiges Tags die Welt viel zu sagen weiß, nicht allein sehen, sondern gar zu einer Concubin und Beyschläfferin haben und behalten möchte. [. . .] welches denn der Geist zu thun versprochen. [. . .] und folgte ihm also die Königin auf dem Fuß nach, so wunderschön, daß D. Faustus nicht wuste, ob er bey sich selbst wäre oder nicht. Diese Helena erschiene denn als in einem köstlichen Purpurkleid, ihr Haar hatte sie herab hangen, welches schön herrlich, als Goldfarb schiene, auch so lang war, daß es ihr bis in die Kniebiege herab hienge mit schönen kolschwartzen Augen, mit einem runden Kopff, holdseligem Angesicht und lieblichen Wangen; sie war eine schöne länglichte gerade Person, und war kein Tadel an ihr zu finden.

Als nun D. Faustus solches alles sahe und wol betrachtete, hat diese verzauberte Helena ihm das Hertz dermassen eingenommen und gefangen, daß er zur Stund in hefftiger Liebe gegen sie entzündet wurde, und mit ihr bald anhube zu schertzen, ja nachgehends für seine Beyschläfferin beyhielte, die er denn so lieb gewanne, daß er schier keinen Augenblick von ihr seyn kunte noch wolte, und also dabei alles Verehlichens vergasse. Etliche Monat strichen indessen vorbey, da er einsten von ihr berichtet wurde, wie sie von ihm schwanger worden wäre, welches er vielmals aber widersprochen, wol wissend, daß solches nicht beschehen könne, sintemal sie ja keine natürliche leibhaffte Person wäre, u.s.w.

Nachdem er aber gesehen, dass sie fast zu Ende deß Jahrs mit natürlichen Geburtsschmertzen beleget worden, auch vermittelst solcher hierauf eines Sohns niderkommen und genesen, hat D. Faustus sich höchlich darüber erfreuet, und ihn Justum Faustum genennet. Welcher aber hernach, nach seines [513] Vattern, D. Fausti, elenden Tod, zugleich mit seiner vermeinten Mutter verschwunden.

III. Das vierzehende Capitel.
Wie der Teuffel dem D. Fausto seines Lebens Ende hat angekündet.

DAs Stundglas hatte sich nunmehr umgewendet, war ausgelauffen, die bestimmten vier und zwantzig Jahr D. Fausti, oder die Zeit und End[605]schafft seiner Versprechung war nun am nächsten, [. . .]

Wie dem D. Fausto hierüber müsse zu Mut gewesen seyn, ist leichtlich zu erachten; es kam das poenitere, Reue, Furcht, Zittern, Zagen, und seines Hertzens Bangigkeit mit aller Macht an ihn, er wande sich hin und wider, klagte sich selbst an ohn Unterlaß wegen seines abscheulichen und greulichen Falls, und weinet, zabelt, fochte, schrye und härmete die gantze Nacht über.

In solchem erbärmlichen Zustand erschiene ihm sein gewesener Geist Mephostophiles zur Mitternachtszeit, sprache ihm freundlich zu, tröstet ihn und sprach: Mein Fauste, sey doch nicht so kleinmütig, daß du von hinnen fahren must, gedencke doch, ob du gleich deinen Leib verlierest, ists doch noch lang dahin, daß du vor dem Gericht GOttes erscheinen wirst; du must doch ohne das sterben, es sey über kurtz oder über lange, obschon du etlich hundert Jahr, so es müglich wäre, lebtest; [. . .]

Sey behertzt und unverzagt, dencke doch an die Verheissung unsers Obristen, der dir versprochen hat, daß du nicht leiden sollest in der Hölle wie die andern Verdammten. Mit solchen und mehr andern Worten, wolte der Geist ihn behertzt machen, und in etwas aufrichten.

Das siebenzehende Capitel.
Von dem greulichen und erschröcklichem Tod D. Fausti.

AUf solche vorher gethane Nacht-Wünschung tratten die Gäste einer nach dem andern zu D. Fausto, hatten ein hertzliches Mitleiden, und sprachen mit erschrockenem Hertzen: Herr Doctor, hiermit wünschen wir euch eine gute Nacht, [624] und zwar eine bessere weder ihr vermeinet, wir bitten sämtlich nochmals, ihr wollet eures Heils und eurer Seelen Wolfahrt bei jetziger letzten Zeit warnemen; und weil ihr nicht anderst glaubet, denn der Teuffel werde diese Nacht euren Leib hinweg nehmen, so ruffet den Heiligen Geist um Beystand an, damit er euere Seele möge regieren, und zu einem unzweiffelichten Glauben an Christum bringen: [...]
Darauf gantz weinende D. Faustus sagte: Ach liebe Herren, ich will in meinem Hertzen so viel seufftzen, und ächtzen, ob etwann mich verlornen GOTT wieder möchte zu Gnaden aufnemen; aber ich besorge leider, daß nichts daraus werden dörffte, denn meiner Sünden ist zu viel: und unter solchen Reden sancke er gleich einem Ohnmächtigen hin auf die nächste Banck, dessen sie alle erschracken, und sich bemüheten ihn aufzurichten. [...]
Als nun bald die Mitternacht-Stunde erschienen, da entstunde plötzlich ein grosser ungestümmer Wind, der risse und tobte, als ob er das Haus zu Grund stossen wolte. Wem war nun ängster und bänger als diesen Studenten, sie wünscheten zehen Meilen von dar zu seyn, sie sprungen aus den Betten mit grosser Furcht, da sie nemlich kurtz darauf in der Stuben, in welcher D. Faustus liegen geblieben, ein greuliches Zischen und Pfeiffen, als ob lauter Schlangen und Nattern zugegen wären, gehöret und vernommen: noch mehr aber wurden sie bestürtzet, da sie vernommen das Stossen und Herumwerffen in der Stuben, den armseligen Faustum zetter Mordio schreyen, bald aber nichts mehr. Und vergieng der Wind, und legte sich, und ward alles wieder gantz still.
Kaum hatte es recht getaget, und deß Tages liecht in alle Gemächer deß Hauses geleuchtet, da waren die Studenten auf, giengen mit einander gantz erschrocken in die Stuben, um zusehen, wo D. Faustus wäre, und was es für eine Bewandniß diese Nacht über mit ihm gehabt hätte; sie kamen aber kaum dahin, so sahen sie, bey Eröffnung der Stuben, daß die Wände, Tisch, und Stüle voll Bluts waren: ja sie sahen mit Erstaunen, daß das Hirn D. Fausti an den Wänden anklebete, die Zähne lagen auf der Erden, und musten also augenscheinlich abnemen, wie ihn der Teuffel von einer Wand zu der andern müsse geschlagen und geschmettert haben.
Leichtlich ist zu glauben, was solches Spectacul [626] für ein Entsetzen unter solchen jungen Leuten werde verursachet haben, sonderlich, da sie kurtz hierauf den Cörper allenthalben im Hause gesucht, solchen aber zuletzt ausserhalb deß Hauses auf einem nahegelegenen Misthauffen liegen gefunden, der aber gantz abscheulich anzusehen gewesen: Denn es war kein Glied an dem gantzen Leichnam gantz, es schlotterte und war ab; der Kopff war mitten von einander, und das Hirn war ausgeschüttet: Sie trugen aber den Leichnam in aller Stille in das Haus, und berathschlagten sich, was ferner anzufangen?

(In: Das ärgerliche Leben und schreckliche Ende deß viel-berüchtigten Ertz-Schwartzkünstlers Johannis Fausti, von Georg Rudolf Widmann, vermehret durch Ch. Nicolaum Pfitzerum, Nürnberg 1674.)

III. Bildquellen zu Goethes ‚Faust' Teil I und Teil II

1. Zwei Wandgemälde ‚Doctor Faustus' in Auerbachs Hof (1625)

VIVE. BIBE. OBGRAEGARE. MEMOR FAVSTI HVIVS. ET HVIVS POENAE: ADERAT CLAVDOHAEC ASTERATAMPLA. GRADV 1525.

(Lebe, trinke, genieße in Fülle; gedenke dieses Faust und seiner Strafe. Im Jahre 1525.)

(In: Faust in Leipzig. Ed. Schultze, Leipzig 1858.)

DOCTOR FAVSTVS ZV DIESER FRIST AVS AVERBACHS KELLER GERITTEN IST. AVF EINEN FASZ MIT WEIN GESCHWINT, WELCHES GESEHEN VIEL MVTTER KIND. SOLCHES DVRCH SEINE SVBTILNE KVNST HAT GETHAN VND DES TEVFELS LOHN EMPFANGEN DAVON. 1525.

(In: Faust in Leipzig. Ed. Schultze, Leipzig 1858.)

Goethe hat als junger Student von 1765 bis 1768 in Leipzig studiert und oft Auerbachs Hof besucht. Dort sieht er zwei Wandgemälde mit Motiven aus der Faustsage, die um 1625 gemalt worden sind: Das erste Bild zeigt ein Gelage mit einem Pudel und einem Faß: Es trägt eine lateinische Unterschrift, die den Betrachter auffordert zu leben, zu trinken, sich zu amüsieren, aber dabei dieses Faust und seiner Strafe eingedenk zu sein. Die Jahreszahl 1525 verweist auf das Lebensdatum des historischen Faust. – Das zweite Bild zeigt den Faßritt vor dem staunenden Publikum, wieder mit dem Pudel. Goethes Szene „Auerbachs Keller in Leipzig" (2073 ff.) ist nach diesen Wandbildern modelliert, wobei sich Mephisto vorher als des Pudels Kern herausgestellt hatte.

2. Michael Herr: Das Zauberfest auf dem Blocksberg (1650)

(In: G. Hirth: Kulturgeschichtliches Bilderbuch aus drei Jahrhunderten, Bd. 4, Pag. 1193.)

Gottlosen und verflüchten Zaüber Festes.

Schrecket nicht den Baüersmann Paückenbrummen, Mordgetümmel,
Eülenaügen, Krötenzücht, Schlangenzischen, Würmgewimmel.
Pfüy ihr tollen Sterblichen! Laset eüch nicht so bethören,
Wer einmahl kömt in die Hell der kan nimmer wiederkehren!

J. Klaj

Für Goethes „Walpurgisnacht“ findet sich kein literarisches Vorbild im Volksbuch: Pate stand hier ein Werk der bildenden Kunst, wie der Literaturwissenschaftler Biedermann nachwies. Es ist Michael Herrs Kupferstich ‚Zauberfest‘ von 1650. Hier vereinigt sich das unzüchtige Geschehen in einer Hexenküche mit dem Zug der Entfesselten zum Blocksberg. Beachtenswert ist die Phiole mit einem Fötus auf der rechten Bildseite.
Dieses Bildwerk regt Goethe bis ins Detail in der „Hexenküche“ (2337 ff.) und in der „Walpurgisnacht“ (3835 ff.) an. Ein Hinweis auf die Homunculus-Szene (6819 ff.) im „Laboratorium“ des 2. Teiles ist auch hier zu entnehmen.

3. Rembrandt Harmensz van Rijn: „Magier“ (1653)

(In: G. Hirth: Kulturgeschichtliches Bilderbuch aus drei Jahrhunderten, Bd. 4, Pag. 1326.)

Von Rom aus gab Goethe den Auftrag, die Radierung Rembrandts aus dem Jahre 1653 als Vorlage für das Titelkupfer zu seinem 1788 im siebten Band bei Göschen erschienenen ‚Faust' zu verwenden. Rembrandt selbst hatte dieses Blatt unbenannt gelassen, später gab ihm der Kunsthandel den Titel „Magier" und schließlich den Namen „Faust". Der Gelehrte steht in einer düsteren gotischen Studier- und Experimentierstube und hält nach einem magischen Licht der Erleuchtung Ausschau.
Entscheidend ist, daß Goethe sich bei der Gestaltung der Figur Faust von diesem Kunstwerk, das er in einer Umbildung von Lips selbst besaß, inspirieren ließ und in ihm wohl den Typus des ringenden Menschengeistes sah (Szene „Nacht" 354 ff.).

4. Andrea Mantegna: Triumph Caesars (1486)

Canvas VII

Canvas IX

(In: Andrew Martindale: The Triumph of Caesar by Andrea Mantegna, London 1979, Canvas VII und IX.)

Goethe besaß Mantegnas Holzschnitte selbst und hatte über dessen Bildserie ‚Caesars Triumphzug' 1823 eine Abhandlung geschrieben. Mantegna (1431–1506) stellt in einem Zyklus von neun Bildern auf Leinwand 1486 den „Triumph Caesars" im Renaissancestil dar.
Goethe nimmt Anregungen für seine „Mummenschanz"-Szene (5065 ff.) aus dem Zyklus auf, so den mißgestalteten Narren und Possenreißer Zoilo-Thersites (5457 ff.) und die Mutter mit der Tochter (5178 ff.) aus Mantegnas Bild VII.

5. G. P. Lasinio Figlio: Triumph des Todes (1812)

Für die bedeutende Schlußgestaltung des ‚Faust' hatte Goethe wiederum keine literarische Vorgabe im Volksbuch. Abermals – wie schon für die „Hexenküche" und die „Walpurgisnacht" – wurde ein Bildkunstwerk zum Auslöser für eine Inspiration zur Gestaltung eines wesentlichen Teiles seines Werkes. Lasinios Kupferstiche nach den Fresken des Camposanto in Pisa waren 1812 erschienen. Der Stich mit dem Titel ‚Il Trionfo della Morte' stellt im Zentrum den Kampf der Engel und Teufel

(In: G. P. Lasinio Figlio: Pitture a Fresco del Camposanto di Pisa. Firenze 1822, Tav. 16.)

um die Seelen dar, die aus den Mündern der Verstorbenen entweichen. Weibliche Engelsgestalten retten dabei einen Verstorbenen aus den Klauen einer Teufelstiergestalt.
Goethe sieht dieses Werk am 1. November 1818 zum ersten Male, entleiht es sich vom 23. Februar bis 19. April und am 7. Juli 1830 zum erneuten Studium. Aus Lasinios Kupferstich leitet er seine Idee der Erlösung und des Fortlebens nach christlich-katholischer Gnadenlehre ab (11824–11939).

6. Albrecht Dürer: Der Triumphzug Kaiser Maximilians (1515)

(In: Dürer, Des Meisters Gemälde, Kupferstiche und Holzschnitte. Ed. Valentin Scherer, Stuttgart und Leipzig 1904, S. XXIV.)

Unter den Kupferstichen Albrecht Dürers (1471–1528) hat der aus dem Jahre 1515 stammende ‚Triumphzug Kaiser Maximilians' Goethe angeregt.
Goethe übernimmt für seine Gestalt „Knabe Wagenlenker" sowohl die knabenhaften Züge (5535 ff.) als auch den vierspännigen Wagen (5511 ff.).

IV. Zu geistesgeschichtlichen Einflüssen auf Goethes ‚Faust'-Dichtung

1. Platon (427–347 v. Chr.): Das Höhlengleichnis

Der griechische Philosoph und Pädagoge Platon (427–347 v. Chr.) schildert im 7. Buch der ‚Politeia' gleichnisartig das beschränkte Erkenntnisvermögen des Menschen – und die daraus resultierende Weltsicht der Selbstbescheidung.
Die veränderte Sichtweise der Welt charakterisiert Faust zu Beginn des zweiten Teiles (4679–4727), wobei Goethe auf die Grundidee und die Leitwörter Platons zurückgreift.

Nächstdem, sprach ich, vergleiche dir unsere Natur in bezug auf Bildung und Unbildung folgendem Zustande. Sieh nämlich Menschen wie in einer unterirdischen, höhlenartigen Wohnung, die einen gegen das Licht geöffneten Zugang längs der ganzen Höhle hat. In dieser seien sie von Kindheit an gefesselt an Hals und Schenkeln, so daß sie auf demselben Fleck bleiben und auch nur nach vorne hin sehen, den Kopf aber herumzudrehen der Fessel wegen nicht vermögend sind. Licht aber haben sie von einem Feuer, welches von oben und von ferne her hinter ihnen brennt. Zwischen dem Feuer und den Gefangenen geht obenher ein Weg, längs diesem sieh eine Mauer aufgeführt wie die Schranken, welche die Gaukler vor den Zuschauern sich erbauen, über welche herüber sie ihre Kunststücke zeigen. – Ich sehe, sagte er. – Sieh nun längs dieser Mauer Menschen allerlei Geräte tragen, die über die Mauer herüberragen, und Bildsäulen und andere steinerne und hölzerne Bilder und von allerlei Arbeit; einige, wie natürlich, reden dabei, andere schweigen. – Ein gar wunderliches Bild, sprach er, stellst du dar und wunderliche Gefangene. – Uns ganz ähnliche, entgegnete ich. Denn zuerst, meinst du wohl, daß dergleichen Menschen von sich selbst und voneinander je etwas anderes gesehen haben als die Schatten, welche das Feuer auf die ihnen gegenüberstehende Wand der Höhle wirft? – Wie sollten sie, sprach er, wenn sie gezwungen sind, zeitlebens den Kopf unbeweglich zu halten! – Und von dem Vorübergetragenen nicht eben dieses? – Was sonst? – Wenn sie nun miteinander reden könnten, glaubst du nicht, daß sie auch pflegen würden, dieses Vorhandene zu benennen, was sie sähen? – Notwendig. – Und wie, wenn ihr Kerker auch einen Widerhall hätte von drüben her, meinst du, wenn einer von den Vorübergehenden spräche, sie würden denken, etwas anderes rede als der eben vorübergehende Schatten? – Nein, beim Zeus, sagte er. – Auf keine Weise also können diese irgend etwas anderes für das Wahre halten als die Schatten jener Kunstwerke? – Ganz unmöglich. – Nun betrachte auch, sprach ich, die Lösung und Heilung von ihren Banden und ihrem Unverstande, wie es damit natürlich stehen würde, wenn ihnen folgendes begegnete. Wenn einer entfesselt wäre und gezwungen würde, sogleich aufzustehen, den Hals herumzudrehen, zu gehen und gegen das Licht zu sehn, und, indem er das täte, immer Schmerzen hätte und wegen des flimmernden Glanzes nicht recht vermöchte, jene Dinge zu erkennen, wovon er vorher die Schatten sah: was, meinst du wohl, würde er sagen, wenn ihm einer versicherte, damals habe er lauter Nichtiges gesehen, jetzt aber, dem Seienden näher und zu dem mehr Seienden gewendet, sähe er richtiger, und, ihm jedes Vorübergehende zeigend, ihn fragte und zu antworten zwänge, was es sei? Meinst du nicht, er werde ganz verwirrt sein und glauben, was er damals gesehen, sei doch wirklicher als was ihm jetzt gezeigt werde? – Bei weitem, antwortete er. –

Und wenn man ihn gar in das Licht selbst zu sehen nötigte, würden ihm wohl die Augen schmerzen, und er würde fliehen und zu jenem zurückkehren, was er anzusehen imstande ist, fest überzeugt, dies sei in der Tat deutlicher als das zuletzt Gezeigte? – Allerdings. –

(In: Platon: Phaidon, Politeia. Sämtliche Werke, Bd. III. Rowohlts Klassiker, in der Übersetzung von Friedrich Schleiermacher, Hamburg 1958, Politeia, Siebentes Buch, S. 224–225.)

2. Plotin (205–270 n. Chr.): Das Gute (das Eine)

Der griechische Philosoph Plotin (205–270 n. Chr.) trat als Lehrer in Rom auf. In seiner Schrift ‚Das Gute (das Eine)' stellt Plotin das Reich der Ideen als Urgrund des Seins, als das produktiv Mütterliche und auch künstlerisch Kreative dar.
Diese Idee realisiert Goethe poetisch in dem so schwerverständlichen „Reich der Mütter" (6213 ff.). Faust muß in dieses Reich hinabsteigen, um Helena von der Idee zum Leben zu erwecken.

Weil denn das was wir suchen, Eines ist und wir den Urgrund aller Dinge ins Auge fassen wollen, nämlich das Gute und Erste, so dürfen wir uns auch nicht von der Region des Ersten entfernen und zum Allerletzten herabfallen, sondern es gilt im Hinstreben nach dem Ersten sein Ich von den Sinnendingen, welche das Letzte sind, hinaufzuführen, losgelöst zu sein von jeglicher Schlechtigkeit, da man ja zum Guten eilt, hinaufzusteigen zu dem Uranfang im eigenen Selbst und aus der Vielheit eines Eines zu werden, da man Schauer des Ursprungs und des Einen werden soll. So gilt es also Geist zu werden und seine Seele dem Geist anzuvertrauen und unter ihn zu breiten, damit sie das was jener sieht in voller Wachheit aufnehme, und so vermöge des Geistes das Eine zu schauen, ohne irgend einen Zusatz von Sinneswahrnehmung, ohne irgendetwas aus ihrem Bereich in ihn hineinzulassen, sondern mit reinem Geist auf das Reinste zu schauen, mit der obersten Schicht des Geistes. Wenn nun der zur Schau einer so herrlichen Wesenheit Gerüstete Größe oder Gestalt oder Masse an ihr sich vorstellt, so ist ihm nicht der Geist Führer zu seiner Schau; denn es liegt mitnichten im Wesen des Geistes derartiges zu sehen, sondern so wirkt sich die Sinneswahrnehmung aus und die bloße Meinung, welche aus der Sinneswahrnehmung folgt. Statt dessen muß man vom Geist die Ankündigung dessen was er vermag entgegennehmen. Es vermag aber der Geist zu sehen entweder das vor ihm Liegende oder das ihm selbst Angehörende oder das aus ihm Hervorkommende. Rein sind schon die Dinge die in ihm sind, noch reiner und einfacher aber die Dinge vor ihm, oder richtiger *das* Ding vor ihm.
Es ist also Jenes auch nicht Geist, sondern vor dem Geiste. Denn der Geist ist *Etwas* von den seienden Dingen; Jenes aber ist nicht ein Etwas sondern vor jeglichem; und auch kein *Seiendes,* denn das Seiende hat zur Form gleichsam die Form des Seienden, Jenes aber ist ohne, auch ohne geistige Geformtheit. Da nämlich die Wesenheit des Einen die Erzeugerin aller Dinge ist, ist sie keines von ihnen. Sie ist also weder ein Etwas noch ein *Wiebeschaffen* noch ein *Wieviel,* weder Geist noch Seele; es ist kein *Bewegtes* und wiederum auch kein *Ruhendes,* nicht im *Raum* nicht in der *Zeit,* ‚sondern das Eingestaltige als solches'; oder vielmehr ohne Gestalt da es vor jeder Gestalt ist, vor Bewegung und vor Ständigkeit, denn die haften am Seienden und machen es zu einem Vielen. Aber warum ist es denn, wenn nicht bewegt, doch nicht ruhend? Weil nur das Seiende notwendig eines von beiden (oder beides) sein muß; und weil das Ruhende *vermöge* der Ständigkeit ruhend

ist, nicht mit der Ständigkeit identisch, sie müßte dem Einen dann also akzidentiell anhaften und es bliebe nicht mehr einfach. Denn wenn wir das Eine als die Ursache bezeichnen, so bedeutet das auch nicht ein Akzidentielles von ihm aussagen, sondern von *uns,* daß wir nämlich etwas von ihm her haben, während es selbst in sich verharrt. Ja selbst ‚jenes' dürften wir es im eigentlichen Sinne nicht nennen, wenn wir genau reden wollen, sondern es will das nur die Auslegung dessen sein, was wir selbst, die wir das Eine gleichsam von außen umspielen, dabei erleben, indem wir ihm bald nahe bleiben, bald ganz zurückgeworfen werden durch die Schwierigkeiten die ihm anhaften.

Es beruht aber diese Schwierigkeit hauptsächlich darauf, daß man des Einen gar nicht auf dem Wege des wissenschaftlichen Erkennens, des reinen Denkens wie der übrigen Denkgegenstände inne werden kann, sondern nur vermöge einer Gegenwärtigkeit welche von höherer Art ist als Wissenschaft. Die Seele erleidet ja einen Abfall vom Einssein und ist nicht völlig eines, wenn sie die wissenschaftliche Erkenntnis einer Sache gewinnt; denn Wissenschaft ist Begriff, der Begriff aber ist ein Vieles; so verfehlt sie das Einssein da sie in Zahl und Vielheit gerät. So muß sie also über die Wissenschaft hinauseilen, darf in keiner Weise aus dem Einssein heraustreten, sondern muß ablassen von der Wissenschaft und dem Wißbaren, ja von jedem andern Gegenstand der Schau wenn er auch schön sein mag; denn alles Schöne ist später als das Eine und kommt von ihm so wie alles Tageslicht von der Sonne. Darum läßt sich von ihm ‚weder reden noch schreiben', wie es heißt: sondern wir reden und schreiben nur davon, um zu ihm hinzuleiten, aufzuwecken aus den Begriffen zum Schauen und gleichsam den Weg zu weisen dem der etwas erschauen will; denn nur bis zum Wege, bis zum Aufbruch reicht die Belehrung, die Schau muß dann selbst vollbringen wer etwas zu sehen gewillt ist.

Wenn aber jemand nicht zum Schauen gelangt, und seine Seele des Glanzes dort oben nicht inne wird, er nicht erschüttert wird von einer inneren gleichsam erotischen Erschütterung beim Schauen wie ein Liebender der ausruht im Geliebten, wohl nimmt er wahres Licht auf und erleuchtet die ganze Seele, er ist zwar ganz in die Nähe des Einen gelangt, aber beim Aufstieg ist er noch durch eine Last bedrückt die der Schau hinderlich wurde, er stieg nicht ‚allein' hinauf sondern nahm etwas mit was ihn von Jenem trennen mußte oder hatte sich noch nicht zu einer Einheit gesammelt; denn Jenes *(Jener, Gott)* ist gewiß niemandem fern, und doch ist es allen fern, es ist gegenwärtig und doch nur gegenwärtig für diejenigen, welche es aufnehmen können und gerüstet sind daß sie zu ihm passen und es gleichsam anfassen und berühren können vermöge der Wesensähnlichkeit; und wenn ein solches vermöge der Kraft, die in Jenem wirkt und den von Ihm stammenden Wesen verwandt ist, sich in dem Zustand befindet wie damals als er von ihm ausging, dann erst vermag er es zu erblicken in der Weise wie Es seinem Wesen nach schaubar ist – [. . .]

(In: Plotin: Ausgewählte Einzelschriften, Heft 1. Ed. Richard Harder, nach der Gesamtübersetzung der Philosophischen Bibliothek, Bd. 211 b. Felix Meiner Verlag, Hamburg 1956, S. 37, 39, 41.)

3. Emanuel Swedenborg (1688–1772): Schriften

Wie kaum ein anderer Denker hat der religiöse Seher Emanuel Swedenborg (1688–1772) Goethes Weltanschauung und Gedankenwelt vom Jenseits beeinflußt. Swedenborgs Werk ist eine umfassende visionäre Deutung des Universums. Schon 1769 hatte Fräulein von Klettenberg Goethe mit Swedenborgs Werk bekannt gemacht. Am 14. November 1781 schreibt Goethe an Lavater: „Ich bin geneigter als jemand noch eine Welt außer der sichtbaren zu glauben, und ich habe Dichtungs- und Lebenskraft genug, sogar mein eigenes beschränktes Selbst zu einem Swedenborgischen Geisteruniversum erweitert zu fühlen."

Himmlische Geheimnisse (1763)

1776 ließ Goethe sich eigens von einem Frankfurter Freund Swedenborgs ‚Himmlische Geheimnisse' nach Weimar nachschicken. Nach Abschnitt 233 ist es für den Menschen unmöglich, in die Geheimnisse, die der Glaubenswelt vorbehalten sind, einzudringen; die Wissenschaften müssen hier versagen. – Das entspricht Fausts Grundkondition zu Beginn des Dramas: Faust muß erkennen, daß wir als Wissenschaftler „nichts wissen können" (364).

[233.] Durch Wißthümliches die Geheimnisse des Glaubens prüfen *[explorare]*, ist so unmöglich, als einem Kameel, durch ein Nadelöhr zu gehen; und eben so unmöglich, als es einer Rippe ist, die reinsten Fiberchen der Brust und des Herzens zu regiren; so grob und noch viel gröber ist das Sinnliche und Wißthümliche im Vergleich mit dem Geistigen und Himmlischen: wer bloß die Naturgeheimnisse, welche unzählig sind, erforschen will, entdeckt kaum Eines, und wenn er ihnen nachforscht, verfällt er in Falschheiten, wie wohl bekannt ist: wie viel mehr bei den Geheimnissen des geistigen und himmlischen Lebens, wo Myriaden sind für Eines, das in der unsichtbaren Natur ist? [. . .] daß dem so ist, kann man niemahls mit den Sinnen, mit der Wissenschaft und Philosophie begreifen; werden diese zu Rathe gezogen, so wird es gänzlich geläugnet, da es doch an sich wahr ist; so in gleicher Weise bei allem Uebrigen. Hieraus erhellt, daß die, welche Sinnliches und Wißthümliches über Glaubenssachen zu Rathe ziehen, nicht allein in Zweifel, sondern auch in Läugnung, das ist, in Finsterniß sich stürzen, und wenn in Finsterniß, auch in alle Lüste; denn wenn man das Falsche glaubt, so thut man auch das Falsche; und wenn man glaubt, es gebe nichts Geistiges und Himmlisches, so glaubt man, es gebe allein Körperliches und Weltliches, somit liebt man alles, was sein eigen und der Welt ist, in Folge dessen dann aus dem Falschen Lüste und Böses.

[. . .]

[69.] Der Mensch ist vom Herrn so geschaffen, daß er während er im Leibe lebt, zugleich mit Geistern und Engeln reden könnte, wie es denn auch in den ältesten Zeiten geschehen ist, (denn er ist einer von ihnen, weil er ein mit einem Körper umkleideter Geist ist:) weil aber die Menschen in der Folgezeit sich so in's Leibliche und Weltliche versenkt haben, daß sie sich fast um nichts anderes mehr bekümmern, so ist der Weg verschlossen worden; sobald aber das Leibliche, in das er versenkt ist, zurücktritt, wird der Weg geöffnet, und er ist unter den Geistern, und lebt mit ihnen zusammen.

(In: Emanuel Swedenborg: Himmlische Geheimnisse . . . Aus dem Lateinischen übersetzt von Dr. Joh. Fried. Immanuel Tafel. Erster Band. In der Verlagsexpedition, Tübingen 1845, S. 139/140 und 55/56.)

Die göttliche Liebe und die göttliche Weisheit (1763)

Durch Vermittlung von Geistern und Engeln jedoch kann der Mensch zu Erkenntnis gelangen. – Das entspricht Goethes Zuversicht: „Die Geisterwelt ist nicht verschlossen . . . wie spricht ein Geist zum andern Geist" (443/425).

[150.] Die Erleuchtung, welche dem heiligen Geist zugeschrieben wird, ist zwar im Menschen vom Herrn, geschieht aber gleichwol durch Vermittelung von Geistern und Engeln; wie aber diese Vermittelung beschaffen sei, kann noch nicht beschrieben werden;

nur dies, daß die Engel und Geister den Menschen durchaus nicht aus sich erleuchten können, weil auch sie in gleicher Weise wie der Mensch vom Herrn erleuchtet werden; und weil sie in gleicher Weise erleuchtet werden, so folgt, daß alle Erleuchtung vom Herrn allein kommt; sie geschieht mittelst der Engel oder Geister, weil der Mensch, der in Erleuchtung ist, alsdann mitten unter solche Engel und Geister gesetzt wird, welche die Erleuchtung von dem alleinigen Herrn mehr als Andere aufnehmen.

(In: Emanuel Swedenborg: Die Weisheit der Engel betreffend die göttliche Liebe und die göttliche Weisheit... Aus der zu Amsterdam gedruckten lateinischen Urschrift verdeutscht von Dr. Johann Friedrich Immanuel Tafel. In Commission bei Ferd. Riehm, Basel 1872, S. 85.)

Die Erdkörper in unserem Sonnensystem (1763)

Der Mensch kann mit Hilfe von Geistern in andere Welten vordringen und Kenntnisse gewinnen, denn er kann mit Geistern als Geist verkehren. Deshalb ruft Faust den Erdgeist zu seiner Wissenserweiterung zu Hilfe (460 ff.).

[2.] Es gibt eine große Zahl von Erdkörpern und auf ihnen Menschen, und in Folge dessen auch Geister und Engel. Im Jenseits ist dies eine sehr bekannte Thatsache, denn Jeder daselbst darf, wenn ihn Liebe zur Wahrheit und somit zur Nutzleistung treibt, mit Geistern anderer Erdkörper reden, und so sich von der großen Menge der Welten überzeugen, auch die Kenntnisse gewinnen, wie nicht blos auf *einer* Erde, sondern auch auf zahllosen *anderen* Menschen leben, und außerdem wie ihre Sinnesart, Leben, und Gottesdienst beschaffen sei.

[94.] Ich sah eine sehr schöne Flamme; sie war bunt purpurn, dann aus Weiß in Roth übergehend, auch schimmerten die Farben schön goldig aus der Flamme hervor. Dazu erblickte ich eine Hand, der diese Flamme anhaftete, zuerst auf dem Rücken, dann an ihrer innern Fläche; darauf beleckte sie die Hand rings herum. Dies dauerte eine Zeit lang. Hierauf bewegte sich diese Hand mit der Flamme auf einige Entfernung zurück und wo sie stille stand, war es lichthell; in dieser Lichthelle zog sich die Hand noch mehr zurück und nun verwandelte sich die Flamme in einen Vogel, welcher anfangs die gleichen Farben hatte, wie die Flamme und die Farben schimmerten in ähnlicher Weise; aber allmählich veränderten sich die Farben und mit den Farben die Lebenskraft des Vogels: er flog umher und zwar zuerst um mein Haupt, darauf nach vorn in ein enges Gemach, welches dem Allerheiligsten eines Tempels glich; aber je mehr er nach vorn flog desto mehr wich das Leben von ihm und zuletzt ward er zu Stein. Zuerst war er dann von perlgrauer, nachher von dunkler Farbe [...]

[125.] Wer die Geheimnisse des Himmels nicht kennt, vermag nicht zu glauben, daß ein Mensch so entlegene Erden sehen und auf Grund sinnlicher Erfahrung von ihnen etwas berichten kann [...] So geschah es auch mit mir, weil mir aus Göttlicher Barmherzigkeit des Herrn verliehen wurde, mit Geistern als Geist und zugleich mit Menschen als ein Mensch zu verkehren. Daß ein Mensch seinem Geiste nach so versetzt werden kann, vermag der sinnliche Mensch nicht zu fassen; denn er lebt in Raum und Zeit und bemißt seine Ortsveränderungen darnach.

(In: Emanuel Swedenborg: Die Erdkörper in unserem Sonnensystem... Aus der lateinischen Urschrift ins Deutsche übersetzt (ohne Namensangabe). Verlag der Neukirchlichen Buchhandlung, Stuttgart 1875, S. 8, 57 und 73.)

Himmel und Hölle (1763)

Swedenborgs Ewigkeitssicht und Erlösungsgedanke gehen vom tätigen Leben des Menschen inmitten der gesellschaftlichen Vielfalt aus. Dem tätigen Menschen wendet sich Gott in Barmherzigkeit zu.

Fausts Leitmotiv „Im Anfang war die Tat" (1237) steigert sich bis zur Tat der Landgewinnung: „Die Tat ist alles, nichts der Ruhm" (10188 ff.), und schließlich kann Faust durch das tätige Streben erlöst werden (11936/7).

[360] Der Mensch kann nur durch die Welt für den Himmel gebildet werden, denn in der Welt enden die letzten Wirkungen, welche die Neigung eines jeden abrunden müssen. Wenn diese sich nicht in Taten entfaltet oder erfüllt haben – und das geschieht mitten in der gesellschaftlichen Vielfalt –, erstickt die Neigung zuletzt, u. z. im gleichen Maße, wie der Mensch seinen Blick nicht mehr auf den Nächsten, sondern nur noch auf sich selber richtet. Damit ist klar, daß ein Leben tätiger Nächstenliebe – und diese besteht darin, daß man bei jeder Arbeit und Verrichtung gerecht und redlich handelt – zum Himmel führt, keineswegs aber ein (sogenannt) frommes Leben ohne tätige Nächstenliebe. Die Taten der Nächstenliebe und davon abhängigen Entwicklungen jenes Lebens sind folglich nur in dem Maße möglich, wie der Mensch Anteil an den Geschäften dieser Welt nimmt, nicht aber, wenn er sich davon zurückzieht.

[403] Einige Geister hatten sich in der Welt die Meinung gebildet, die himmlische Seligkeit bestehe in einem Leben des Müßiggangs, indem man von anderen bedient würde. Ihnen wurde jedoch bedeutet, das Glück bestehe nirgends im Ausruhen und Genießen; denn dann würde jeder das Glück des anderen für sich beanspruchen, es also niemand besitzen. Dies wäre kein tätiges Leben, sondern ein Leben des Müßiggangs, in dem sie erlahmen würden. Dabei könnten sie doch wissen, daß es kein Lebensglück ohne Tätigkeit gibt und die Muße bloß der Erholung dient, damit man dann umso freudiger zur Tätigkeit seines Lebens zurückkehren könne. Nachher wurde ihnen an vielen Beispielen gezeigt, daß das Leben der Engel in guten Handlungen der Nächstenliebe, nämlich in der Nutzwirkung, besteht, und daß die Engel all ihr Glück in der Nutzwirkung, aus der Nutzwirkung und gemäß der Nutzwirkung finden. Um die Geister zu beschämen, welche die Vorstellung nährten, die himmlische Freude bestehe darin, untätig dahinzuleben und im Müßiggang ewige Freude zu genießen, wurde ihnen ein solches Leben zu empfinden gegeben. Und in der Tat fühlten sie, daß das ein höchst trauriges Leben wäre und es sie, weil auf diese Weise alle Freude erlahme, nach kurzer Zeit anwidern und anekeln würde.

[545] Manche sind der Meinung, daß Gott sein Angesicht vom Menschen abwende, ihn von sich stoße, in die Hölle werfe und über sein Böses erzürnt sei. Manche gehen noch weiter und meinen, daß Gott den Menschen strafe und ihm Böses erweise. Sie bestärken sich in dieser Ansicht durch den Buchstabensinn des Wortes, in dem ähnliches gesagt wird, und wissen nicht, daß der geistige Sinn des Wortes die Erklärung des buchstäblichen und von ganz anderer Beschaffenheit ist. Aus diesem geistigen Sinn des Wortes stammt daher die reine Lehre der Kirche, die etwas ganz anderes lehrt, nämlich daß Gott niemals sein Antlitz vom Menschen abwendet oder ihn von sich stößt, daß er niemanden in die Hölle wirft und niemandem zürnt. Das kann auch jeder erkennen, dessen Gemüt erleuchtet wird, wenn er das Wort liest, schon allein daraus, daß ja Gott das Gute, die Liebe, die Barmherzigkeit selbst ist. Das Gute selbst aber vermag niemandem etwas Böses zuzufügen und die Liebe und Barmherzigkeit keinen Menschen zurückzustoßen, denn das widerspräche dem eigentlichen Wesen der Barmherzigkeit und Liebe, folglich dem Göttlichen selbst.

[548] Damit ist klar, daß der Herr durch die Engel, wie auch durch einen Einfluß aus dem

Himmel jeden Geist an sich zieht, daß aber Geister, die dem Bösen verfallen sind, ganz und gar widerstreben und sich gleichsam vom Herrn losreißen und wie mit Stricken von ihrem Bösen, also von der Hölle, angezogen werden. Und weil sie diesem Zug aus ihrer Liebe zum Bösen heraus auch folgen wollen, so steht fest, daß sie sich freiwillig in die Hölle stürzen.

(In: Emanuel Swedenborg: Himmel und Hölle. Aus dem Lateinischen von Dr. Friedemann Horn. Swedenborg Verlag, Zürich o. J., S. 248, 281, 408, 410/411.)

Von dem Neuen Jerusalem (1758)

Göttliche Liebe und göttliche Weisheit (1763)

Der Mensch ist so geschaffen, daß er seinem Innern nach nicht sterben kann. Der universale Endzweck aller Teile der Schöpfung ist die ewige Verbindung zum Schöpfer. – Deshalb muß bei Goethe Faust gerettet werden: „Gerettet ist das edle Glied" (11934).

[223.] Der Mensch ist so geschaffen, daß er seinem Innern nach nicht sterben kann; denn er kann an Gott glauben und auch Gott lieben, und so mit Gott verbunden werden durch Glauben und Liebe; und mit Gott verbunden werden, heißt ewig leben.
[225.] Der Geist des Menschen erscheint nach dem Tode des Leibes in der geistigen Welt in menschlicher Gestalt, ganz wie in der Welt; und hat alles Vermögen zu denken, zu wollen und zu thun, wie in der Welt; mit Einem Wort, er ist Mensch nach Allem und Jedem, nur daß er nicht mit dem schwerfälligen Leib, wie in der Welt, umgeben ist; diesen läßt er zurück, wenn er stirbt, und nimmt ihn nie wieder an.

(In: Emanuel Swedenborg: Von dem Neuen Jerusalem ... Aus der 1758 zu London gedruckten lateinischen Urschrift erstmahls übersetzt von Dr. J. F. Immanuel Tafel. In der Verlagsexpedition, Tübingen 1860, S. 203/204.)

[170.] Der universelle Endzweck oder der Endzweck aller Theile der Schöpfung ist der, daß eine ewige Verbindung des Schöpfers mit dem erschaffenen Weltall sei, und diese ist nicht möglich, wenn nicht Subjecte sind, in welchen Sein Göttliches wie in sich sein, in denen es also wohnen und bleiben kann; und diese Subjecte müssen, damit sie Seine Wohnungen und Bleibestätten seien, Seine Liebe und Weisheit wie aus sich aufnehmen können, sie müssen also wie von selber sich zum Schöpfer erheben, und sich mit Ihm verbinden können; ohne dieses Wechselseitige giebt es keine Verbindung. Diese Subjecte sind die Menschen, welche sich wie von selber erheben und verbinden können: [...]

(In: Emanuel Swedenborg: Die Weisheit der Engel betreffend die göttliche Liebe und die göttliche Weisheit ... Aus der zu Amsterdam 1763 gedruckten lateinischen Urschrift verdeutscht von Dr. Johann Friedrich Immanuel Tafel. In Commission bei Ferd. Riehm, Basel 1872, S. 95.)

V. Goethes Zeichnungen und Plan-Schemata zu ‚Faust'

1. Erscheinung des Erdgeistes (1819?)

(In: Goethe: Faust – Der Tragödie Erster Teil mit Illustrationen aus drei Jahrhunderten. Rütten & Loening, Berlin 1982, S. 2.)

Eine Erwähnung über den Erdgeist macht Goethe in einem Brief an den Grafen Brühl vom 2. Juni 1819, daß er sich den Erdgeist als kolossalen Jupiterkopf denke. Seine Bleistiftzeichnung (ohne Datum) zeigt jedoch den Erdgeist als riesigen Apoll, der durch eine Fensteröffnung erscheint.
Als Goethes eigener Kommentar und auch als Hinweis für die dramatische Gestaltung der „Erdgeist-Szene" (459 ff.) läßt sich seine Zeichnung verstehen.

2. Beschwörung des Pudels (1800)

(In: Wolfgang Hecht: Goethe als Zeichner. Verlag C. H. Beck, München 1982, S. 172.)

In der Technik der Tuschlavierung zeichnet Goethe die „Beschwörung des Pudels“ auf blaues Papier um das Jahr 1800. Über dem Pudelkopf in der Bogenöffnung erkennt man ein magisches Kreuzzeichen.
Goethes zeichnerische Interpretationshilfe bezieht sich auf die Studierzimmer-Szene von „Faust mit dem Pudel hereintretend“ (1177 f.) bis „Das also war des Pudels Kern!“ (1323)

3. Hexenszene (1786)

(In: Illustrationen zu Goethes Werken. Freies Deutsches Hochstift, Frankfurter Goethemuseum o. J., Abb. 32.)

Die Zeichnung Goethes ist in Rom 1786 entstanden, wo er im Garten der Villa Borghese auch die „Hexenküche"-Szene dichtete.
Die Bedeutung der Zeichnung geht über eine bloße Illustration der Szene „Hexenküche" (2336 ff.) hinaus. Die Zeichnung zeigt im Spannungsbogen der Arme die Struktur der Gretchentragödie auf: Sie reicht vom erregenden Moment der Erweckung von Fausts Begierde im Spiegelbild bis hin zum gemeinsamen Kind, das ein Paar über einer Schale im düsteren, Unheil ankündenden Hintergrund hält.

4. Schema-Überblick über die ganze Dichtung (11. 4. 1800)

Vom 11. April 1800 stammt ein stichwortartiger Überblick über die ganze Dichtung ‚Faust'. Er ist in den ‚Paralipomena', das sind nicht-veröffentlichte Notizen zu ‚Faust', enthalten. Hier wird ein Strukturplan für beide Teile vorgegeben, in dem bereits die wesentlichen Unterschiede von Teil I und II in der Konzeption auftauchen; außerdem werden schon einzelne Szenen und Personen (Wagner, Schüler) und die Grundidee der Faustgestalt – Tatengenuß und Schöpfungsgenuß – genannt.

Ideales Streben nach Einwirken und Einfühlen in die ganze Natur.
Erscheinung des Geists als Welt- und Tatengenius.
Streit zwischen Form und Formlosem.
Vorzug dem formlosen Gehalt

Vor der leeren Form.
Gehalt bringt die Form mit;
Form ist nie ohne Gehalt.
Diese Widersprüche, statt sie zu vereinigen, disparater zu machen.
Helles, kaltes wissenschaftliches Streben: Wagner;
Dumpfes, warmes wissenschaftliches Streben: Schüler.
Lebensgenuß der Person von außen gesucht: in der Dumpfheit Leidenschaft: Erster Teil.
Tatengenuß nach außen und Genuß mit Bewußtsein, Schönheit: Zweiter Teil.
Schöpfungsgenuß von innen. Epilog im Chaos auf dem Weg zur Hölle.

(In: Goethe: Faust – Paralipomena. Phaidon-Verlag o. J., S. 600.)

5. Pläne zum II. Teil des ‚Faust'

Für das 18. Buch von ‚Dichtung und Wahrheit' hatte Goethe die Inhaltsangaben des I. bis IV. Aktes des zweiten Teiles von ‚Faust' bestimmt. 1827 erschien der Plan zu „Helena" als Zwischenspiel im ‚Faust'. Detaillierte Pläne gibt es bereits 1826 vom II. und IV. Akt des zweiten Teiles. Alle Schemata sind unter den ‚Paralipomena' zu finden.
Die Planungsschemata geben Zeugnis von der ganzheitlichen Planung des zweiteiligen Werkes ‚Faust', auch wenn über die Entstehungszeit von mehr als 50 Jahren die Teile mosaikartig hinzugefügt worden sind.

[Inhaltsangaben]

70

[Die Handlung der Akte I bis IV nach älterem Plane, bestimmt für das 18. Buch von ‚Dichtung und Wahrheit']

Zu Beginn des Zweiten Teiles findet man Faust schlafend. Er ist umgeben von Geisterchören, die ihm in sichtlichen Symbolen und anmutigen Gesängen die Freuden der Ehre, des Ruhms, der Macht und Herrschaft vorspiegeln. Sie verhüllen in schmeichelnde Worte und Melodieen ihre eigentlich ironischen Anträge. Er wacht auf, fühlt sich gestärkt, verschwunden alle vorhergehende Abhängigkeit von Sinnlichkeit und Leidenschaft. Der Geist, gereinigt und frisch, nach dem Höchsten strebend.
Mephistopheles tritt zu ihm ein und macht ihm eine lustige, aufregende Beschreibung von dem Reichstage zu Augsburg, welchen Kaiser Maximilian dahin zusammenberufen hat, indem er annimmt, daß alles vor dem Fenster drunten auf dem Platze vorgeht, wo Faust jedoch nichts sehen kann. Endlich will Mephistopheles an einem Fenster des Stadthauses den Kaiser sehen, mit einem Fürsten sprechend, und versichert Fausten, daß nach ihm gefragt worden, wo er sich befinde und ob man ihn nicht einmal an Hof schaffen könne. Faust läßt sich bereden, und sein Mantel beschleunigt die Reise. In Augsburg landen sie an einer einsamen Halle; Mephistopheles geht aus, zu spionieren. Faust verfällt indes in seine früheren abstrusen Spekulationen und Forderungen an sich selbst, und als jener zurückkehrt, macht Faust die wunderbare Bedingung, Mephistopheles dürfe nicht in den Saal, sondern müsse auf der Schwelle bleiben, ferner, daß in des Kaisers Gegenwart nichts von Gaukelei und Verblendung vorkommen solle. Mephistopheles gibt nach. Der Kaiser

verlangt Erscheinungen; sie werden zugesagt. Faust entfernt sich der Vorbereitungen wegen. In dem Augenblick nimmt Mephistopheles Fausts Gestalt an, Frauen und Fräuleins zu unterhalten. Es erscheint die Gestalt der Helena. Die Bemerkungen der Damen über diese Schönheit der Schönheiten beleben die übrigens fürchterliche Szene. Paris tritt hervor, und diesem ergehts von seiten der Männer, wie es jener von seiten der Frauen ergangen. Der verkappte Faust gibt beiden Teilen recht, und es entwickelt sich eine sehr heitere Szene.

74

[Endgültige Fassung]

[Gedruckt: Über Kunst und Altertum. Sechsten Bandes erstes Heft. 1827]

Helena

Zwischenspiel zu ‚Faust'

Fausts Charakter, auf der Höhe, wohin die neue Ausbildung aus dem alten, rohen Volksmärchen denselben hervorgehoben hat, stellt einen Mann dar, welcher in den allgemeinen Erdeschranken sich ungeduldig und unbehaglich fühlend, den Besitz des höchsten Wissens, den Genuß der schönsten Güter für unzulänglich achtet, seine Sehnsucht auch nur im mindesten zu befriedigen, einen Geist, welcher deshalb, nach allen Seiten hin sich wendend, immer unglücklicher zurückkehrt.

Es müsse die Bearbeitung eines zweiten Teils sich notwendig aus der bisherigen kümmerlichen Sphäre ganz erheben und einen solchen Mann in höheren Regionen durch würdigere Verhältnisse durchführen.

Deshalb entschließ ich mich zuvörderst, oben benanntes, in den Zweiten Teil des ‚Fausts' einzupassendes, in sich abgeschlossenes kleineres Drama sogleich bei der ersten Sendung [der ‚Ausgabe letzter Hand'] mitzuteilen.

Die alte Legende sagt nämlich, und das Puppenspiel verfehlt nicht, die Szene vorzuführen: daß Faust in seinem herrischen Übermut durch Mephistopheles den Besitz der schönen Helena von Griechenland verlangt und dieser ihm nach einigem Widerstreben willfahrt habe.

Was aber zu einer solchen Behandlung die nähere Veranlassung gegeben und wie nach mannigfaltigen Hindernissen den bekannten magischen Gesellen geglückt, die eigentliche Helena persönlich aus dem Orkus ins Leben heraufzuführen, bleibe vor der Hand noch unausgesprochen.

Zum Zweiten Teil · Schemata

[Zum zweiten Akt]

86

[Nr. 1–6 fehlt. In einer älteren Niederschrift datiert: 9. November 1826.]

7. Faust niedergelegt an einer Kirchhofsmauer. Träume. Darauf großer Monolog zwischen der Wahnerscheinung von Gretchen und Helena.
8. Fausts Leidenschaft zu Helena bleibt unbezwinglich. Mephistopheles sucht ihn durch mancherlei Zerstreuungen zu beschwichtigen.
9. Wagners Laboratorium. Er sucht ein chemisch Menschlein hervorzubringen.
11. Antike Walpurgisnacht in Thessalien auf der Pharsalischen Ebene.
12. Erichtho macht die Honneurs und Erichthonius zu ihr gesellt. Etymologische und symbolische Verwandtschaft beider.

13. Mephistopheles mit den antiken Ungeheuern und Mißgestalten findet sich zu Hause. *Ad* 13. Zentauren, Sphinxe, Chimären, Greife, Sirenen, Tritonen und Nereiden, die Gorgonen, die Graien.
15. Faust gelangt zu der Versammlung der Sibyllen. Manto, des Tiresias Tochter. Wichtige Unterhaltung; günstiger Moment.
16. Der Hades tut sich auf, Proserpina wird angegangen.
18. So soll nun Helena auf den Boden von Sparta zurückkehren und als lebendig dort im Hause des Menelaus empfangen werden, und dem neuen Freier überlassen sein, inwiefern er auf ihren Geist und ihre empfänglichen Sinne einwirken könne.

[Zum vierten Akt]

105

[Hochgebirg und auf dem Vorgebirg]

Mephistopheles im Gebirg der Wolke nach. Faust läßt sich nieder. Die Wolke steigt als Helena. Ablösen[?] dieser Vision. Mephistopheles. Faust Umwendung zum Besitz. Gewaltige Aufregung der Völker. Mephistopheles als Werber der drei Hauptfiguren. Die drei Hauptfiguren. Chor als Tat. Reichstag. Andrer Kaiser. Große Belehnung[?]. Fausts Forderungen. Zugestanden. Herr des Delta.

Triumph. Gewinn gegen das Meer.

(In: Goethe: Faust – Paralipomena. Phaidon Verlag o. J., S. 620, 637, 642–643, 652.)

VI. Zur Faust-Rezeption nach 1945 – Gesellschaftsvorstellung Fausts

1. Horst Hartmann: Faustgestalt – Faustsage – Faustdichtung (1982)

Wertungen der Faustgestalt waren zu jeder Zeit politisch geprägt. Nach 1945 gerät Fausts Vorstellung von der Gesellschaft besonders in der DDR-Rezeption in den Blickpunkt. Horst Hartmann hat die bisher jüngste Gesamtwertung des Faust in der DDR veröffentlicht: Faust will weg von der feudalistischen hin zur bürgerlichen Gesellschaftsordnung mit kapitalistischen Produktionsverhältnissen, in der er produktiv werden kann.

Faust im zerfallenden Feudalismus
Mit seiner Landung im „Hochgebirg" ist Faust aus der Kunstwirklichkeit in die historische Wirklichkeit der sich auflösenden Feudalgesellschaft zurückgekehrt; die Handlung des vierten Aktes führt die des ersten in zugespitzter Form weiter. In zugespitzter Form insofern, als nach der Darstellung der ökonomischen und kulturell-ästhetischen Unfruchtbarkeit der Feudalordnung nun auch ihr politischer Verfall erkennbar wird. Es ist deshalb nur zu verständlich, daß Faust, als ihm Mephisto „Die Reiche der Welt und ihre Herrlichkeiten" (V. 10 131) zur Befriedigung seines Tätigkeitsdranges anbietet, dieses Angebot zurückweist: „Das kann mich nicht zufriedenstellen!" (V. 10 155), wissend, daß man sich mit absolutistischen Herrschaftsformen, und seien sie subjektiv noch so „aufgeklärt" gehandhabt, „nur Rebellen" erzieht (V. 10 159). Faust sieht ein anderes Betätigungsfeld, für das Mephisto kein Verständnis hat. [. . .]
„Die Tat ist alles, nichts der Ruhm" (V. 10 188). Dabei meint Faust durchaus ein Wirken in der gesellschaftlichen Wirklichkeit, aber in einer veränderten Gesellschaft, die er mit den Worten kennzeichnet: „Herrschaft gewinn ich, Eigentum!" (V. 10 187) Eine Herrschaft aber, die auf Eigentum und nicht auf Lehensbesitz basiert, tendiert zur Herausbildung bürgerlich-kapitalistischer Produktionsverhältnisse im Schoße der alten Gesellschaft und weist damit über diese selbst hinaus. Fausts Plan ist, durch großangelegte Eindeichungen dem Meere weite Landstriche abzugewinnen, sie urbar zu machen und zu besiedeln. (vgl. V. 10 198 ff.) Um dieses Ziel zu erreichen, strebt Faust an, innerhalb der bestehenden Feudalordnung mit der Küste des Reiches belehnt zu werden, von der aus er dann sein Vorhaben ins Werk setzen kann. Die Gelegenheit dazu bietet sich ihm, als das Feudalreich im Kampf aller gegen alle chaotisch verfällt (vgl. V. 10 260 ff.) und der Kaiser durch einen von der Kirche geförderten Gegenkaiser bedroht wird (vgl. V. 10 375 ff., 10 407). Faust unterstützt mit seinen drei Gewaltigen – Raufebold, Habebald, Haltefest – den Kaiser und kann ihm mit Hilfe der Zauberkünste Mephistos, der sich in dieser Welt wieder ganz zu Hause fühlt, den Sieg verschaffen, der vorher schon durch ein Vogelorakel angekündigt wird (vgl. V. 10 624 ff.). Der Kaiser sieht sich in der Siegesstunde genötigt, seine mächtigsten Vasallen mit den höchsten Reichsämtern auszuzeichnen, sie durch Gebietszuwachs und die Erteilung neuer Privilegien in ihrer Landessouveränität zu bestärken (vgl. V. 10 873 ff.). Was der Kaiser im Bild des Kreuzrippengewölbes ausdrückt, dessen „Schlußstein" der Erzkanzler-Erzbischof darstelle (vgl. V. 10 931 ff.) und das er „für ewige Zeit erbaut" zu haben meint (V. 10 932), vollendet nur das Werk der Zerstörung der Feudalgesellschaft. [. . .]

Damit hat Faust seinen Zweck erreicht und den erforderlichen Handlungsspielraum für die geplanten gesellschaftlichen Aktivitäten erhalten. Die Voraussetzung für die Geschehnisse des bedeutsamen V. Aktes ist damit geschaffen. Zugleich ist mit dem vierten Akt Goethes umfassende Kritik an der auch zu seiner Zeit noch bestehenden Feudalgesellschaft abgeschlossen. Diese erweist sich in jeder Hinsicht als unproduktiv, bietet somit dem Tatendrang eines tüchtigen Bürgers keine Entfaltungsmöglichkeiten mehr und ist deshalb reif zur Ablösung. [. . .]
Diese Gesellschaftsordnung ist also wie die feudalistische Gesellschaft alles andere als ein humanistisches Ideal für den Dichter. Aber sie ist der Feudalordnung in einer entscheidenden Frage ungeheuer überlegen, und das ist ihre Potenz, die produktiven Kräfte des Menschen zu entfalten. Das ist auch einer der wichtigsten Gründe für Goethe gewesen, die Vorteile der von Napoleon Bonaparte in Deutschland bewirkten bürgerlichen Reformen positiver zu werten als deren Nachteil, gewaltsam von außen oktroyiert worden zu sein. Zieht man aber den Vergleich zwischen der feudalistischen und der bürgerlichen Gesellschaftsordnung im „Faust" in Betracht, so wird deutlich, daß das Prinzip der Steigerung neben dem der Polarität zu den Grundlagen der Struktur des Werkes gehört und von Goethe gerade auch bei der Analyse der Gesellschaft im zweiten Teil der „Faust"-Dichtung in auffallender Weise verwendet worden ist. [. . .]

(In: Horst Hartmann: Faustgestalt – Faustsage – Faustdichtung. Verlag Volk und Wissen, Berlin 1982, S. 107–110.)

2. Albrecht Weber: Wege zu Goethes Faust (1957)

Albrecht Weber, ein Didaktiker der bundesdeutschen Nachkriegsgeneration, sieht Faust wertend unter dem Aspekt ‚der einzelne und die Gesellschaft': Faust wird als Vertreter der Ordnung gesehen, der die Unterwerfung der Natur und damit auch der freien Menschen will. Faust wird als apolitischer Mensch gewertet, dem es lediglich um die Tat an sich geht, und darin steckt das eigentlich Böse.

[. . .] Faust ist immer noch derselbe, dessen letztes Begreifen die „Tat" (1237) war, der als Gelehrter das Gut und die Ehre der Welt bitter mißte. Faust will „Besitz, Herrschaft, Eigentum" nicht um ihrer selbst willen, sondern nur als Voraussetzung „großer Taten", für welche „dieser Erdenkreis noch Raum gewähre". Die Erde ist noch nicht gestaltet. Fausts Geist stößt zusammen mit dem Ungestalteten. Es ist das „ungebändigte" *Meer:* Das Element, das keine Ordnung, kein Gesetz, kein „Recht" – im menschlichen Sinne – angenommen hat, das Unbezwungene, das freie Meer, ruft Fausts Geist auf den Plan. Die freie Herrschaft der Welle stößt auf den herrscherlichen Menschen.
Dieser Freiheit quer läuft jede andere Freiheit. Solange noch die Elemente der Natur zu bezwingen sind, ist es deren Freiheit, welche als Revolution empfunden wird, als „Übermut leidenschaftlich aufgeregten Blutes". Ist die Natur unterworfen, muß es zwangsläufig die Freiheit der letzten freien Menschen sein, die das „Miß-Behagen des Gefühls" erweckt. Auch hier Gründe des Despoten: kolonisiert wird, weil das unbezwungene Element das „Mißbehagen des *Gefühls*" erregt. Vielleicht mehr Bedürfnis zu tun als bloßer „Verdruß", Gestaltungswille, aber doch in erster Linie Selbstbefriedigung maßlosen Gefühls, kein Dienen. Es ist ein machtvolles Streben nach Tat. Die Folgen erscheinen durchaus zweitrangig, nebensächlich, nichts-sagend. Gleichgültig scheint dabei der

Zweck zu sein, gleichgültig die Entgegennahme dieses Tuns durch die Zeitgenossen und die Geschichte, von denen bei „großen Taten" „Ruhm" zu erwarten wäre.

„Die Tat ist alles, nichts der Ruhm." (10188)

Soziale und ethische Motive scheiden für den Entschluß zur Kolonisation aus. Andererseits ist Faust keineswegs nur ein nackter Despot, obwohl sein Wille immer dahin drängt. Rühmt Faust die „Seligkeit des Befehlens" (10252), so verachtet er aber auch das „Genießen", das „gemein macht" (10259), ein Befehlen also, das sich seiner Würde bewußt scheint. So fragt sich nun, ob Faust die Macht der Ordnung, für die er antritt, durch Wahrung des Rechts, „durch Schätzung aller Rechte" als dauerhaft bewähren kann.

Zunächst einmal kommt ihm alles auf Gestaltung an: „Die Tat ist alles". Es ist die *Tat an sich,* die verkündet wird. Diese „Tat" ist nichts als eine andere Form des „Weiterschreitens". Ohne höheren Auftrag, ohne Sinn und Ziel muß jede Tat frag-würdig bleiben, würdig der Frage nämlich, ob diese Tat und ihre Folge gerecht ist. Un-geduldiges Handeln steht keinesfalls über geduldig-abwartendem Nicht-Handeln, wenn auch Nicht-Handeln das Scheitern oft ebensowenig vermeiden kann, wie Hamlets Schicksal zeigt. Man muß auch hier nach den seelischen Zusammenhängen fragen, aus denen dieses „Tat ist alles" emporsteigt. Faust hat im Fluch die heilen Kräfte verbannt und hat sich mit dem Bösen verbunden. „Das Beste seines Innern" ist von ihm abgelöst. Faust beginnt die Sinnlosigkeit des Versuches mit der Magie zu fühlen. Er fühlt das Chaos wiederkommen. Nun begegnet ihm im Meer dieselbe „zwecklose Kraft" auch von außen.

Es ist eben „beängstigend", dieselbe „zwecklose Kraft" täglich vor Augen rasen zu sehen, so „ungebändigt", so „ohne Zweck und Ruh" (3349), wie sie im Inneren, einem „Wassersturz" gleich, wühlt. Das Element des Wassers bildet die innere Unordnung ab. Das Bild muß also verschwinden, als ob im Abbild das Urbild getroffen werden könnte! Faust hegt die Hoffnung, mit der Ordnung außen auch die innere wiederzugewinnen. Diese Ordnung scheint nun Faust jeder Anstrengung wert. Faust hat ein neues, gewaltiges Ziel. [...]

(In: Albrecht Weber: Wege zu Goethes Faust. Diesterweg, Frankfurt/M. 1957, S. 178–180.)